## KANGAN ARORA

is an artist and textile
designer. Her work
explores the Indian visual
vernacular through color,
abstraction, and pattern
application.

www.kanganarora.com

THIS JOURNAL BELONGS TO

potter

# JANUARY 1

What is your mission?

20 ___ ★ _____

_____

_____

_____

20 ___ ★ _____

_____

_____

_____

20 ___ ★ _____

_____

_____

_____

20 ___ ★ _____

_____

_____

_____

20 ___ ★ _____

_____

_____

_____

# 2

## JANUARY

Can people change?

20 ___ ★ _____

_____

_____

_____

20 ___ ★ _____

_____

_____

_____

20 ___ ★ _____

_____

_____

_____

20 ___ ★ _____

_____

_____

_____

20 ___ ★ _____

_____

_____

_____

20 ___ ★ _____

_____

_____

_____

20 ___ ★ _____

_____

_____

_____

20 ___ ★ _____

_____

_____

_____

20 ___ ★ _____

_____

_____

_____

20 ___ ★ _____

_____

_____

_____

# 4

## JANUARY
The best part of today?

20 __ ★ _____
_____
_____
_____

20 __ ★ _____
_____
_____
_____

20 __ ★ _____
_____
_____
_____

20 __ ★ _____
_____
_____
_____

20 __ ★ _____
_____
_____
_____

What was the last restaurant
you went to?

20 ___ ★ _____

_____

_____

_____

20 ___ ★ _____

_____

_____

_____

20 ___ ★ _____

_____

_____

_____

20 ___ ★ _____

_____

_____

_____

20 ___ ★ _____

_____

_____

_____

# 6

## JANUARY

Today was tough because _____.

20 ___ ★ _____

_____

_____

_____

20 ___ ★ _____

_____

_____

_____

20 ___ ★ _____

_____

_____

_____

20 ___ ★ _____

_____

_____

_____

20 ___ ★ _____

_____

_____

_____

You are lucky; how so or not so?

20 ___ ★ _____

_____

_____

_____

20 ___ ★ _____

_____

_____

_____

20 ___ ★ _____

_____

_____

_____

20 ___ ★ _____

_____

_____

_____

20 ___ ★ _____

_____

_____

_____

# 8

What song is stuck in your head?

20 ___ ★ _____

_____

_____

_____

20 ___ ★ _____

_____

_____

_____

20 ___ ★ _____

_____

_____

_____

20 ___ ★ _____

_____

_____

_____

20 ___ ★ _____

_____

_____

_____

Was today typical? Why or why not?

20 ___ ★ _____

_____

_____

_____

20 ___ ★ _____

_____

_____

_____

20 ___ ★ _____

_____

_____

_____

20 ___ ★ _____

_____

_____

_____

20 ___ ★ _____

_____

_____

_____

# 10

## JANUARY
Write down something
that inspired you today.

20 ___ ★ _____

_____

_____

_____

20 ___ ★ _____

_____

_____

_____

20 ___ ★ _____

_____

_____

_____

20 ___ ★ _____

_____

_____

_____

20 ___ ★ _____

_____

_____

_____

Today you lost _____.

20 __ ★ _____
_____
_____
_____

20 __ ★ _____
_____
_____
_____

20 __ ★ _____
_____
_____
_____

20 __ ★ _____
_____
_____
_____

20 __ ★ _____
_____
_____
_____

# 12

## JANUARY
What's your favorite accessory?

20 ___ ★ _____

_____

_____

_____

20 ___ ★ _____

_____

_____

_____

20 ___ ★ _____

_____

_____

_____

20 ___ ★ _____

_____

_____

_____

20 ___ ★ _____

_____

_____

_____

Where do you want to travel next?

20 ___ ★ _____

_____

_____

_____

20 ___ ★ _____

_____

_____

_____

20 ___ ★ _____

_____

_____

_____

20 ___ ★ _____

_____

_____

_____

20 ___ ★ _____

_____

_____

_____

# 14

Are you a leader or a follower?

20 ___ ★ _____

_____

_____

_____

20 ___ ★ _____

_____

_____

_____

20 ___ ★ _____

_____

_____

_____

20 ___ ★ _____

_____

_____

_____

20 ___ ★ _____

_____

_____

_____

20 _____ ★ _____

_____

_____

_____

20 _____ ★ _____

_____

_____

_____

20 _____ ★ _____

_____

_____

_____

20 _____ ★ _____

_____

_____

_____

20 _____ ★ _____

_____

_____

_____

# 16

**JANUARY**

Do you owe someone money?
Does someone owe you?

20 __ ★ _____

_____

_____

_____

20 __ ★ _____

_____

_____

_____

20 __ ★ _____

_____

_____

_____

20 __ ★ _____

_____

_____

_____

20 __ ★ _____

_____

_____

_____

20 ___ ★ _____

_____

_____

_____

20 ___ ★ _____

_____

_____

_____

20 ___ ★ _____

_____

_____

_____

20 ___ ★ _____

_____

_____

_____

20 ___ ★ _____

_____

_____

_____

# 18

## JANUARY
What was peaceful about today?

20 ___ ★ _____
_____
_____
_____

20 ___ ★ _____
_____
_____
_____

20 ___ ★ _____
_____
_____
_____

20 ___ ★ _____
_____
_____
_____

20 ___ ★ _____
_____
_____
_____

List three foods you ate today.

20 _____ ★ _____

_____

_____

_____

20 _____ ★ _____

_____

_____

_____

20 _____ ★ _____

_____

_____

_____

20 _____ ★ _____

_____

_____

_____

20 _____ ★ _____

_____

_____

_____

# 20

## JANUARY

Are you holding a
grudge? About?

20 ___ ★ _____

_____

_____

20 ___ ★ _____

_____

_____

20 ___ ★ _____

_____

_____

20 ___ ★ _____

_____

_____

20 ___ ★ _____

_____

_____

20 ___ ★ _____

_____

_____

_____

20 ___ ★ _____

_____

_____

_____

20 ___ ★ _____

_____

_____

_____

20 ___ ★ _____

_____

_____

_____

20 ___ ★ _____

_____

_____

_____

# 22

## JANUARY

Are you seeking security
or adventure?

20 ___ ★ _____

_____

_____

_____

20 ___ ★ _____

_____

_____

_____

20 ___ ★ _____

_____

_____

_____

20 ___ ★ _____

_____

_____

_____

20 ___ ★ _____

_____

_____

_____

Do you need a break?
From what?

20 ___ ★ _____

_____

_____

_____

20 ___ ★ _____

_____

_____

_____

20 ___ ★ _____

_____

_____

_____

20 ___ ★ _____

_____

_____

_____

20 ___ ★ _____

_____

_____

_____

# 24

## JANUARY

If you were going to start your own company, what would it be?

20 ___ ★ _____

_____

_____

20 ___ ★ _____

_____

_____

20 ___ ★ _____

_____

_____

20 ___ ★ _____

_____

_____

20 ___ ★ _____

_____

_____

20 ___ ★ _____

_____

_____

_____

20 ___ ★ _____

_____

_____

_____

20 ___ ★ _____

_____

_____

_____

20 ___ ★ _____

_____

_____

_____

20 ___ ★ _____

_____

_____

_____

# 26

**JANUARY**

Today you needed
more _____.

20 ___ ★ _____

_____

_____

_____

20 ___ ★ _____

_____

_____

_____

20 ___ ★ _____

_____

_____

_____

20 ___ ★ _____

_____

_____

_____

20 ___ ★ _____

_____

_____

_____

## JANUARY 27

Which art movement best describes you today? (Surrealism? Modernism? Dada?)

20 __ ★ _____

20 __ ★ _____

20 __ ★ _____

20 __ ★ _____

20 __ ★ _____

# 28

How do you describe home?

20 ___ ★ _____

_____

_____

_____

20 ___ ★ _____

_____

_____

_____

20 ___ ★ _____

_____

_____

_____

20 ___ ★ _____

_____

_____

_____

20 ___ ★ _____

_____

_____

_____

## JANUARY

What was the last TV
show you watched?

# 29

20 ___ ★ _____

20 ___ ★ _____

20 ___ ★ _____

20 ___ ★ _____

20 ___ ★ _____

# 30

What do you want to forget?

20 ___ ★ _____
_____
_____
_____

20 ___ ★ _____
_____
_____
_____

20 ___ ★ _____
_____
_____
_____

20 ___ ★ _____
_____
_____
_____

20 ___ ★ _____
_____
_____
_____

20 ___ ★ _____

_____

_____

20 ___ ★ _____

_____

_____

20 ___ ★ _____

_____

_____

20 ___ ★ _____

_____

_____

20 ___ ★ _____

_____

_____

# 1

## FEBRUARY

What is your resolution
for tomorrow?

20 ___ ★ _____

_____

_____

_____

20 ___ ★ _____

_____

_____

_____

20 ___ ★ _____

_____

_____

_____

20 ___ ★ _____

_____

_____

_____

20 ___ ★ _____

_____

_____

_____

20 ____ ★ _____

_____

_____

_____


20 ____ ★ _____

_____

_____

_____


20 ____ ★ _____

_____

_____

_____


20 ____ ★ _____

_____

_____

_____


20 ____ ★ _____

_____

_____

_____

# 3

## FEBRUARY

On a scale of one to ten,
how sad are you? Why?

20 ___ ★ _____

_____

_____

20 ___ ★ _____

_____

_____

20 ___ ★ _____

_____

_____

20 ___ ★ _____

_____

_____

20 ___ ★ _____

_____

_____

## FEBRUARY 4

Outside, the weather is _____.

20 ___ ★ _____

_____

_____

20 ___ ★ _____

_____

_____

20 ___ ★ _____

_____

_____

20 ___ ★ _____

_____

_____

20 ___ ★ _____

_____

_____

# 5

## FEBRUARY

What are you obsessively
listening to?

20 ___ ★ _____

_____

_____

_____

20 ___ ★ _____

_____

_____

_____

20 ___ ★ _____

_____

_____

_____

20 ___ ★ _____

_____

_____

_____

20 ___ ★ _____

_____

_____

_____

## FEBRUARY

Are you seeking contentment
or excitement?

6

20 __ ★ _____

_____

_____

_____

20 __ ★ _____

_____

_____

_____

20 __ ★ _____

_____

_____

_____

20 __ ★ _____

_____

_____

_____

20 __ ★ _____

_____

_____

_____

# 7

## FEBRUARY

What are three things
you have to buy?

20 ___ ★ _____

_____

_____

_____

20 ___ ★ _____

_____

_____

_____

20 ___ ★ _____

_____

_____

_____

20 ___ ★ _____

_____

_____

_____

20 ___ ★ _____

_____

_____

_____

20 ___ ★ _____

_____

_____

_____

20 ___ ★ _____

_____

_____

_____

20 ___ ★ _____

_____

_____

_____

20 ___ ★ _____

_____

_____

_____

20 ___ ★ _____

_____

_____

_____

# 9

**FEBRUARY**

How late did you sleep?

20 ___ ★ _____

_____

_____

20 ___ ★ _____

_____

_____

20 ___ ★ _____

_____

_____

20 ___ ★ _____

_____

_____

20 ___ ★ _____

_____

_____

20 ___ ★ _____

_____

_____

_____

20 ___ ★ _____

_____

_____

_____

20 ___ ★ _____

_____

_____

_____

20 ___ ★ _____

_____

_____

_____

20 ___ ★ _____

_____

_____

_____

# 11

## FEBRUARY

How did you get
to work today?

20 ___ ★ _____

_____

_____

_____

20 ___ ★ _____

_____

_____

_____

20 ___ ★ _____

_____

_____

_____

20 ___ ★ _____

_____

_____

_____

20 ___ ★ _____

_____

_____

_____

20 ___ ★ _____

_____

_____

_____

20 ___ ★ _____

_____

_____

_____

20 ___ ★ _____

_____

_____

_____

20 ___ ★ _____

_____

_____

_____

20 ___ ★ _____

_____

_____

_____

# 13

## FEBRUARY
What's your favorite
question to ask people?

20 __ ★ _____

_____

_____

_____

20 __ ★ _____

_____

_____

_____

20 __ ★ _____

_____

_____

_____

20 __ ★ _____

_____

_____

_____

20 __ ★ _____

_____

_____

_____

20 ___ ★ _____

_____

_____

_____

20 ___ ★ _____

_____

_____

_____

20 ___ ★ _____

_____

_____

_____

20 ___ ★ _____

_____

_____

_____

20 ___ ★ _____

_____

_____

_____

# 15

## FEBRUARY

Write down the cure
for a broken heart.

20 ___ ★ _____

_____

_____

_____

20 ___ ★ _____

_____

_____

_____

20 ___ ★ _____

_____

_____

_____

20 ___ ★ _____

_____

_____

_____

20 ___ ★ _____

_____

_____

_____

20 ___ ★ _____

_____

_____

20 ___ ★ _____

_____

_____

20 ___ ★ _____

_____

_____

20 ___ ★ _____

_____

_____

20 ___ ★ _____

_____

_____

# 17

## FEBRUARY

If you could change something about today, what would it be?

20 __ ★ _____

_____

_____

_____

20 __ ★ _____

_____

_____

_____

20 __ ★ _____

_____

_____

_____

20 __ ★ _____

_____

_____

_____

20 __ ★ _____

_____

_____

_____

## FEBRUARY

# 18

What's the most expensive
thing you're wearing now?

20 ___ ★ _____

_____

_____

_____

20 ___ ★ _____

_____

_____

_____

20 ___ ★ _____

_____

_____

_____

20 ___ ★ _____

_____

_____

_____

20 ___ ★ _____

_____

_____

_____

# 19

## FEBRUARY

Who is the craziest
person in your life?

20 ___ ★ _____

_____

_____

_____

20 ___ ★ _____

_____

_____

_____

20 ___ ★ _____

_____

_____

_____

20 ___ ★ _____

_____

_____

_____

20 ___ ★ _____

_____

_____

_____

## FEBRUARY

What word did you
overuse today?

20 ___ ★ _____

_____

_____

_____

20 ___ ★ _____

_____

_____

_____

20 ___ ★ _____

_____

_____

_____

20 ___ ★ _____

_____

_____

_____

20 ___ ★ _____

_____

_____

_____

# 21

FEBRUARY

What is the current buzzword?

20 ___ ★ _____

_____

_____

_____

20 ___ ★ _____

_____

_____

_____

20 ___ ★ _____

_____

_____

_____

20 ___ ★ _____

_____

_____

_____

20 ___ ★ _____

_____

_____

_____

20 ___ ★ _____

_____

_____

_____

20 ___ ★ _____

_____

_____

_____

20 ___ ★ _____

_____

_____

_____

20 ___ ★ _____

_____

_____

_____

20 ___ ★ _____

_____

_____

_____

# 23

## FEBRUARY

What's the most embarrassing purchase on a recent credit card statement?

20 __ ★

20 __ ★

20 __ ★

20 __ ★

20 __ ★

20 ___ ★ _____

_____

_____

_____

20 ___ ★ _____

_____

_____

_____

20 ___ ★ _____

_____

_____

_____

20 ___ ★ _____

_____

_____

_____

20 ___ ★ _____

_____

_____

_____

# 25

## FEBRUARY

What's the last dream
you remember?

20 ___ ★ _____

_____

_____

_____

20 ___ ★ _____

_____

_____

_____

20 ___ ★ _____

_____

_____

_____

20 ___ ★ _____

_____

_____

_____

20 ___ ★ _____

_____

_____

_____

## FEBRUARY

# 26

Name one item you
can't throw out.

20 ___ ★ _____

_____

_____

_____

20 ___ ★ _____

_____

_____

_____

20 ___ ★ _____

_____

_____

_____

20 ___ ★ _____

_____

_____

_____

20 ___ ★ _____

_____

_____

_____

# 27

Are you the original or
the remix? Why?

20 ___ ★ _____

_____

_____

_____

20 ___ ★ _____

_____

_____

_____

20 ___ ★ _____

_____

_____

_____

20 ___ ★ _____

_____

_____

_____

20 ___ ★ _____

_____

_____

_____

## FEBRUARY

**28**

When was the last time
you were sick?

20 ___ ★ _____

_____

_____

_____

20 ___ ★ _____

_____

_____

_____

20 ___ ★ _____

_____

_____

_____

20 ___ ★ _____

_____

_____

_____

20 ___ ★ _____

_____

_____

_____

# 29

**FEBRUARY**

Leap year? What did you
do with the extra day?

20 ___ ★ _____

_____

_____

_____

20 ___ ★ _____

_____

_____

_____

20 ___ ★ _____

_____

_____

_____

20 ___ ★ _____

_____

_____

_____

20 ___ ★ _____

_____

_____

_____

20 ___ ★ _____

_____

_____

_____

20 ___ ★ _____

_____

_____

_____

20 ___ ★ _____

_____

_____

_____

20 ___ ★ _____

_____

_____

_____

20 ___ ★ _____

_____

_____

_____

# 2

## MARCH
Salty or sweet?

20 ___ ★ _____

_____

_____

_____

20 ___ ★ _____

_____

_____

_____

20 ___ ★ _____

_____

_____

_____

20 ___ ★ _____

_____

_____

_____

20 ___ ★ _____

_____

_____

_____

20 ___ ★ _____

_____

_____

_____

20 ___ ★ _____

_____

_____

_____

20 ___ ★ _____

_____

_____

_____

20 ___ ★ _____

_____

_____

_____

20 ___ ★ _____

_____

_____

_____

# 4

## MARCH

What would you like to
ask your mother?

20 ___ ★ _____

_____

_____

_____

20 ___ ★ _____

_____

_____

_____

20 ___ ★ _____

_____

_____

_____

20 ___ ★ _____

_____

_____

_____

20 ___ ★ _____

_____

_____

_____

20 ___ ★ _____

_____

_____

_____

20 ___ ★ _____

_____

_____

_____

20 ___ ★ _____

_____

_____

_____

20 ___ ★ _____

_____

_____

_____

20 ___ ★ _____

_____

_____

_____

# 6

## MARCH
Who's your nemesis?

20 ___ ★ _____

_____

_____

_____

20 ___ ★ _____

_____

_____

_____

20 ___ ★ _____

_____

_____

_____

20 ___ ★ _____

_____

_____

_____

20 ___ ★ _____

_____

_____

_____

It's not a good idea to
experiment with _____.

20 __ ★ _____

_____

_____

_____

20 __ ★ _____

_____

_____

_____

20 __ ★ _____

_____

_____

_____

20 __ ★ _____

_____

_____

_____

20 __ ★ _____

_____

_____

_____

# 8

## MARCH

What's the last song
you listened to?

20 ___ ★ _____

_____

_____

_____

20 ___ ★ _____

_____

_____

_____

20 ___ ★ _____

_____

_____

_____

20 ___ ★ _____

_____

_____

_____

20 ___ ★ _____

_____

_____

_____

## MARCH

A person you wanted to
ignore today _____.

20 __ ★ _____

_____

_____

_____

20 __ ★ _____

_____

_____

_____

20 __ ★ _____

_____

_____

_____

20 __ ★ _____

_____

_____

_____

20 __ ★ _____

_____

_____

_____

# 10

## MARCH

What was the last
movie you rented?

20 ___ ★ _____

_____

_____

_____

20 ___ ★ _____

_____

_____

_____

20 ___ ★ _____

_____

_____

_____

20 ___ ★ _____

_____

_____

_____

20 ___ ★ _____

_____

_____

_____

20 ___ ★ _____

_____

_____

_____

20 ___ ★ _____

_____

_____

_____

20 ___ ★ _____

_____

_____

_____

20 ___ ★ _____

_____

_____

_____

20 ___ ★ _____

_____

_____

_____

# 12

Where do you live?

20 _____ ★ _____

_____

_____

_____

20 _____ ★ _____

_____

_____

_____

20 _____ ★ _____

_____

_____

_____

20 _____ ★ _____

_____

_____

_____

20 _____ ★ _____

_____

_____

_____

If you could add one hour to your
day, what would you do with it?

20 ___ ★ _____

_____

_____

20 ___ ★ _____

_____

_____

20 ___ ★ _____

_____

_____

20 ___ ★ _____

_____

_____

20 ___ ★ _____

_____

_____

# 14

**MARCH**
What is true?

20 ___ ★ _____

_____

_____

_____

20 ___ ★ _____

_____

_____

_____

20 ___ ★ _____

_____

_____

_____

20 ___ ★ _____

_____

_____

_____

20 ___ ★ _____

_____

_____

_____

## MARCH

# 15

What do you not want
to talk about?

20 ___ ★ _____

_____

_____

_____

20 ___ ★ _____

_____

_____

_____

20 ___ ★ _____

_____

_____

_____

20 ___ ★ _____

_____

_____

_____

20 ___ ★ _____

_____

_____

_____

# 16

What do you want to buy?

20 ___ ★ _____

_____

_____

_____

20 ___ ★ _____

_____

_____

_____

20 ___ ★ _____

_____

_____

_____

20 ___ ★ _____

_____

_____

_____

20 ___ ★ _____

_____

_____

_____

What new activity have you tried?

20 ___ ★ _____

_____

_____

_____

20 ___ ★ _____

_____

_____

_____

20 ___ ★ _____

_____

_____

_____

20 ___ ★ _____

_____

_____

_____

20 ___ ★ _____

_____

_____

_____

# 18

**MARCH**

In three words, describe
your spirituality.

20 _____ ★ _____

_____

_____

_____

20 _____ ★ _____

_____

_____

_____

20 _____ ★ _____

_____

_____

_____

20 _____ ★ _____

_____

_____

_____

20 _____ ★ _____

_____

_____

_____

Describe your work ethic.

20 ___ ★ _____

_____

_____

20 ___ ★ _____

_____

_____

20 ___ ★ _____

_____

_____

20 ___ ★ _____

_____

_____

20 ___ ★ _____

_____

_____

# 20

MARCH

What was the last
book you read?

20 ___ ★ _____

_____

_____

_____

20 ___ ★ _____

_____

_____

_____

20 ___ ★ _____

_____

_____

_____

20 ___ ★ _____

_____

_____

_____

20 ___ ★ _____

_____

_____

_____

## MARCH

**21**

The first thing you ate
today was _____.

20 ___ ★ _____

_____

_____

_____

20 ___ ★ _____

_____

_____

_____

20 ___ ★ _____

_____

_____

_____

20 ___ ★ _____

_____

_____

_____

20 ___ ★ _____

_____

_____

_____

# 22

## MARCH

Jot down a news
story from today.

20 __ ★ _____

_____

_____

_____

20 __ ★ _____

_____

_____

_____

20 __ ★ _____

_____

_____

_____

20 __ ★ _____

_____

_____

_____

20 __ ★ _____

_____

_____

_____

Are you country or rock
'n' roll (or hip-hop, emo,
folk, punk . . .)?

20 ___ ★ _____

_____

_____

_____

20 ___ ★ _____

_____

_____

_____

20 ___ ★ _____

_____

_____

_____

20 ___ ★ _____

_____

_____

_____

20 ___ ★ _____

_____

_____

_____

# 24

What did you daydream
about today?

20 ___ ★ _____

_____

_____

_____

20 ___ ★ _____

_____

_____

_____

20 ___ ★ _____

_____

_____

_____

20 ___ ★ _____

_____

_____

_____

20 ___ ★ _____

_____

_____

_____

MARCH

**25**

_____ made you laugh.

20 \_\_\_ ★ _____

20 \_\_\_ ★ _____

20 \_\_\_ ★ _____

20 \_\_\_ ★ _____

20 \_\_\_ ★ _____

# 26

## MARCH

Who do you aspire to be like?

20 \_\_\_ ★ _____

20 \_\_\_ ★ _____

20 \_\_\_ ★ _____

20 \_\_\_ ★ _____

20 \_\_\_ ★ _____

# 27

When was the last time
you felt like you were
on top of the world?

20 ___ ★ _____

_____

_____

_____

20 ___ ★ _____

_____

_____

_____

20 ___ ★ _____

_____

_____

_____

20 ___ ★ _____

_____

_____

_____

20 ___ ★ _____

_____

_____

_____

# 28

## MARCH

What do you want to
remember about today?

20 ___ ★ _____

_____

_____

_____

20 ___ ★ _____

_____

_____

_____

20 ___ ★ _____

_____

_____

_____

20 ___ ★ _____

_____

_____

_____

20 ___ ★ _____

_____

_____

_____

Write down a few lines
from a song or poem that
you identify with today.

20 ___ ★ _____

_____

_____

_____

20 ___ ★ _____

_____

_____

_____

20 ___ ★ _____

_____

_____

_____

20 ___ ★ _____

_____

_____

_____

20 ___ ★ _____

_____

_____

_____

# 30

Pick a color for today.

20 ___ ★ _____

_____

_____

_____

20 ___ ★ _____

_____

_____

_____

20 ___ ★ _____

_____

_____

_____

20 ___ ★ _____

_____

_____

_____

20 ___ ★ _____

_____

_____

_____

20 _____ ★ _____

_____

_____

_____

20 _____ ★ _____

_____

_____

_____

20 _____ ★ _____

_____

_____

_____

20 _____ ★ _____

_____

_____

_____

20 _____ ★ _____

_____

_____

_____

# 1

## APRIL
Who are you fooling?

20 ___ ★ _____

_____

_____

_____

20 ___ ★ _____

_____

_____

_____

20 ___ ★ _____

_____

_____

_____

20 ___ ★ _____

_____

_____

_____

20 ___ ★ _____

_____

_____

_____

Who do you feel closest to?

20 ___ ★ _____

_____

_____

_____

20 ___ ★ _____

_____

_____

_____

20 ___ ★ _____

_____

_____

_____

20 ___ ★ _____

_____

_____

_____

20 ___ ★ _____

_____

_____

_____

# 3

Did you have fun today? Because?

20 ___ ★ _____

_____

_____

_____

20 ___ ★ _____

_____

_____

_____

20 ___ ★ _____

_____

_____

_____

20 ___ ★ _____

_____

_____

_____

20 ___ ★ _____

_____

_____

_____

If you could wish for one thing to
happen today, what would it be?

20 ___ ★ _____

_____

_____

_____

20 ___ ★ _____

_____

_____

_____

20 ___ ★ _____

_____

_____

_____

20 ___ ★ _____

_____

_____

_____

20 ___ ★ _____

_____

_____

_____

# 5

APRIL

_____ was inspiring.

20 \_\_\_ ★ _____

20 \_\_\_ ★ _____

20 \_\_\_ ★ _____

20 \_\_\_ ★ _____

20 \_\_\_ ★ _____

What was the last take-
out meal you ordered?

20 ___ ★ _____

_____

_____

_____

20 ___ ★ _____

_____

_____

_____

20 ___ ★ _____

_____

_____

_____

20 ___ ★ _____

_____

_____

_____

20 ___ ★ _____

_____

_____

_____

# 7

## APRIL
What colors are you wearing?

20 ___ ★ _____

20 ___ ★ _____

20 ___ ★ _____

20 ___ ★ _____

20 ___ ★ _____

## APRIL

What is your secret passion?

8

20 ___ ★ _____

_____

_____

_____

20 ___ ★ _____

_____

_____

_____

20 ___ ★ _____

_____

_____

_____

20 ___ ★ _____

_____

_____

_____

20 ___ ★ _____

_____

_____

_____

# 9

## APRIL
Where do you feel most at home?

20 ___ ★ _____

20 ___ ★ _____

20 ___ ★ _____

20 ___ ★ _____

20 ___ ★ _____

A chore you ignored
today _____.

20 ___ ★ _____

_____

_____

_____

20 ___ ★ _____

_____

_____

_____

20 ___ ★ _____

_____

_____

_____

20 ___ ★ _____

_____

_____

_____

20 ___ ★ _____

_____

_____

_____

# 11

### APRIL
What sound effect are
you most like today?

20 ___ ★ _____

_____

_____

_____

20 ___ ★ _____

_____

_____

_____

20 ___ ★ _____

_____

_____

_____

20 ___ ★ _____

_____

_____

_____

20 ___ ★ _____

_____

_____

_____

Write down a new fact
you recently learned.

20 ___ ★ _____

_____

_____

_____

20 ___ ★ _____

_____

_____

_____

20 ___ ★ _____

_____

_____

_____

20 ___ ★ _____

_____

_____

_____

20 ___ ★ _____

_____

_____

_____

# 13

## APRIL

What is your favorite thing to
do on a Sunday morning?

20 ___ ★ _____

_____

_____

20 ___ ★ _____

_____

_____

20 ___ ★ _____

_____

_____

20 ___ ★ _____

_____

_____

20 ___ ★ _____

_____

_____

## APRIL

# 14

If you could acquire a talent
(without any extra effort),
what would it be?

20 _____ ★ _____

_____

_____

_____

20 _____ ★ _____

_____

_____

_____

20 _____ ★ _____

_____

_____

_____

20 _____ ★ _____

_____

_____

_____

20 _____ ★ _____

_____

_____

_____

# 15

## APRIL
Which celebrity would
you want to interview?

20 __ ★ _____

_____

_____

_____

20 __ ★ _____

_____

_____

_____

20 __ ★ _____

_____

_____

_____

20 __ ★ _____

_____

_____

_____

20 __ ★ _____

_____

_____

_____

20 ___ ★ _____

_____

_____

_____

20 ___ ★ _____

_____

_____

_____

20 ___ ★ _____

_____

_____

_____

20 ___ ★ _____

_____

_____

_____

20 ___ ★ _____

_____

_____

_____

# 17

## APRIL

What do you think is your biggest shortcoming?

20 ___ ★ _____

20 ___ ★ _____

20 ___ ★ _____

20 ___ ★ _____

20 ___ ★ _____

20 ___ ★ _____

_____

_____

_____

20 ___ ★ _____

_____

_____

_____

20 ___ ★ _____

_____

_____

_____

20 ___ ★ _____

_____

_____

_____

20 ___ ★ _____

_____

_____

_____

# 19

## APRIL
What famous person would
you bring back from the
dead to have dinner with?

20 __ ★ _____

_____

_____

_____

20 __ ★ _____

_____

_____

_____

20 __ ★ _____

_____

_____

_____

20 __ ★ _____

_____

_____

_____

20 __ ★ _____

_____

_____

_____

# APRIL

## 20

How many times did
you curse today?

20 _____ ★ _____

_____

_____

_____

20 _____ ★ _____

_____

_____

_____

20 _____ ★ _____

_____

_____

_____

20 _____ ★ _____

_____

_____

_____

20 _____ ★ _____

_____

_____

_____

# 21

## APRIL
What do you want to say when
someone asks "What do you do"?

20 ___ ★ _____

20 ___ ★ _____

20 ___ ★ _____

20 ___ ★ _____

20 ___ ★ _____

You wish you could stop
_____ from happening.

20 \_\_\_ ★ _____

20 \_\_\_ ★ _____

20 \_\_\_ ★ _____

20 \_\_\_ ★ _____

20 \_\_\_ ★ _____

# 23

**APRIL**

How would your parents
describe you? (You can
call them and ask.)

20 __ ★ _____

_____

_____

_____

20 __ ★ _____

_____

_____

_____

20 __ ★ _____

_____

_____

_____

20 __ ★ _____

_____

_____

_____

20 __ ★ _____

_____

_____

_____

Is life fair? Yes? No?
Sometimes? Not today?

20 ___ ★ _____

_____

_____

_____

20 ___ ★ _____

_____

_____

_____

20 ___ ★ _____

_____

_____

_____

20 ___ ★ _____

_____

_____

_____

20 ___ ★ _____

_____

_____

_____

# 25

**APRIL**
Who do you need to call?

20 ___ ★ _____

_____

_____

_____

20 ___ ★ _____

_____

_____

_____

20 ___ ★ _____

_____

_____

_____

20 ___ ★ _____

_____

_____

_____

20 ___ ★ _____

_____

_____

_____

20 ___ ★ _____

_____

_____

_____

20 ___ ★ _____

_____

_____

_____

20 ___ ★ _____

_____

_____

_____

20 ___ ★ _____

_____

_____

_____

20 ___ ★ _____

_____

_____

_____

# 27

What "type" of person are you?

20 ___ ★ _____

_____

_____

_____

20 ___ ★ _____

_____

_____

_____

20 ___ ★ _____

_____

_____

_____

20 ___ ★ _____

_____

_____

_____

20 ___ ★ _____

_____

_____

_____

Who would you trade places
with for just one day?

20 ___ ★ _____

_____

_____

_____

20 ___ ★ _____

_____

_____

_____

20 ___ ★ _____

_____

_____

_____

20 ___ ★ _____

_____

_____

_____

20 ___ ★ _____

_____

_____

_____

# 29

APRIL

Who can you make
happier? How?

20 __ ★ _____

_____

_____

_____

20 __ ★ _____

_____

_____

_____

20 __ ★ _____

_____

_____

_____

20 __ ★ _____

_____

_____

_____

20 __ ★ _____

_____

_____

_____

APRIL

# 30

What are three words to describe your social life?

20 ___ ★ _____

_____

_____

_____

20 ___ ★ _____

_____

_____

_____

20 ___ ★ _____

_____

_____

_____

20 ___ ★ _____

_____

_____

_____

20 ___ ★ _____

_____

_____

_____

# 1

**MAY**
Messy or neat?

20 ___ ★ _____

_____

_____

_____

20 ___ ★ _____

_____

_____

_____

20 ___ ★ _____

_____

_____

_____

20 ___ ★ _____

_____

_____

_____

20 ___ ★ _____

_____

_____

_____

20 ___ ★ _____

_____

_____

_____

20 ___ ★ _____

_____

_____

_____

20 ___ ★ _____

_____

_____

_____

20 ___ ★ _____

_____

_____

_____

20 ___ ★ _____

_____

_____

_____

# 3

## MAY

If you could have a superpower just for today, what would it be?

20 ___ ★ _____

_____

_____

_____

20 ___ ★ _____

_____

_____

_____

20 ___ ★ _____

_____

_____

_____

20 ___ ★ _____

_____

_____

_____

20 ___ ★ _____

_____

_____

_____

When was the last time
you went swimming?

20 ___ ★ _____

_____

_____

_____

20 ___ ★ _____

_____

_____

_____

20 ___ ★ _____

_____

_____

_____

20 ___ ★ _____

_____

_____

_____

20 ___ ★ _____

_____

_____

_____

# 5

## MAY

Today was hilarious
because _____.

20 ___ ★ _____

_____

_____

_____

20 ___ ★ _____

_____

_____

_____

20 ___ ★ _____

_____

_____

_____

20 ___ ★ _____

_____

_____

_____

20 ___ ★ _____

_____

_____

_____

20 ___ ★ _____

_____

_____

_____

20 ___ ★ _____

_____

_____

_____

20 ___ ★ _____

_____

_____

_____

20 ___ ★ _____

_____

_____

_____

20 ___ ★ _____

_____

_____

_____

# 7

MAY

Who would play you in a movie
about your life? Is it a good movie?

20 ___ ★ _____

_____

_____

_____

20 ___ ★ _____

_____

_____

_____

20 ___ ★ _____

_____

_____

_____

20 ___ ★ _____

_____

_____

_____

20 ___ ★ _____

_____

_____

_____

20 _____ ★ _____

_____

_____

_____

20 _____ ★ _____

_____

_____

_____

20 _____ ★ _____

_____

_____

_____

20 _____ ★ _____

_____

_____

_____

20 _____ ★ _____

_____

_____

_____

# 9

**MAY**

What do you want to postpone?

20 ___ ★ _____

_____

_____

_____

20 ___ ★ _____

_____

_____

_____

20 ___ ★ _____

_____

_____

_____

20 ___ ★ _____

_____

_____

_____

20 ___ ★ _____

_____

_____

_____

20 ___ ★ _____

_____

_____

_____

20 ___ ★ _____

_____

_____

_____

20 ___ ★ _____

_____

_____

_____

20 ___ ★ _____

_____

_____

_____

20 ___ ★ _____

_____

_____

_____

# 11

How do you want to
be remembered?

20 ___ ★ _____

_____

_____

_____

20 ___ ★ _____

_____

_____

_____

20 ___ ★ _____

_____

_____

_____

20 ___ ★ _____

_____

_____

_____

20 ___ ★ _____

_____

_____

_____

20 ___ ★ _____

_____

_____

_____

20 ___ ★ _____

_____

_____

_____

20 ___ ★ _____

_____

_____

_____

20 ___ ★ _____

_____

_____

_____

20 ___ ★ _____

_____

_____

_____

# 13

**MAY**
Who loves you today?

20 ___ ★ _____

_____

_____

_____

20 ___ ★ _____

_____

_____

_____

20 ___ ★ _____

_____

_____

_____

20 ___ ★ _____

_____

_____

_____

20 ___ ★ _____

_____

_____

_____

What makes a good enemy?

20 ___ ★ _____

_____

_____

_____

20 ___ ★ _____

_____

_____

_____

20 ___ ★ _____

_____

_____

_____

20 ___ ★ _____

_____

_____

_____

20 ___ ★ _____

_____

_____

_____

# 15

## MAY

What do you consider to be
your biggest achievement?

20 ___ ★ _____

_____

_____

_____

20 ___ ★ _____

_____

_____

_____

20 ___ ★ _____

_____

_____

_____

20 ___ ★ _____

_____

_____

_____

20 ___ ★ _____

_____

_____

_____

20 ___ ★ _____

_____

_____

_____

20 ___ ★ _____

_____

_____

_____

20 ___ ★ _____

_____

_____

_____

20 ___ ★ _____

_____

_____

_____

20 ___ ★ _____

_____

_____

_____

# 17

MAY

Today you got rid of _____.

20 ___ ★ _____

_____

_____

_____

20 ___ ★ _____

_____

_____

_____

20 ___ ★ _____

_____

_____

_____

20 ___ ★ _____

_____

_____

_____

20 ___ ★ _____

_____

_____

_____

MAY

**18**

If you could go back in
time and change something,
what would it be?

20 ___ ★ _____

_____

_____

_____

20 ___ ★ _____

_____

_____

_____

20 ___ ★ _____

_____

_____

_____

20 ___ ★ _____

_____

_____

_____

20 ___ ★ _____

_____

_____

_____

# 19

## MAY
What's the most creative thing you've done recently?

20 ___ ★ _____

_____

_____

_____

20 ___ ★ _____

_____

_____

_____

20 ___ ★ _____

_____

_____

_____

20 ___ ★ _____

_____

_____

_____

20 ___ ★ _____

_____

_____

_____

What's the craziest thing
you've done for love?

20 ___ ★ _____

_____

_____

_____

20 ___ ★ _____

_____

_____

_____

20 ___ ★ _____

_____

_____

_____

20 ___ ★ _____

_____

_____

_____

20 ___ ★ _____

_____

_____

_____

# 21

**MAY**

What's your salary?

20 _____ ★ _____

_____

_____

_____

20 _____ ★ _____

_____

_____

_____

20 _____ ★ _____

_____

_____

_____

20 _____ ★ _____

_____

_____

_____

20 _____ ★ _____

_____

_____

_____

When was the last time you
had an inspiring conversation?

20 ___ ★ _____

_____

_____

_____

20 ___ ★ _____

_____

_____

_____

20 ___ ★ _____

_____

_____

_____

20 ___ ★ _____

_____

_____

_____

20 ___ ★ _____

_____

_____

_____

# 23

**MAY**
What's your hairstyle?

20 ___ ★ _____

_____

_____

_____

20 ___ ★ _____

_____

_____

_____

20 ___ ★ _____

_____

_____

_____

20 ___ ★ _____

_____

_____

_____

20 ___ ★ _____

_____

_____

_____

What motivated you today?

20 ___ ★ _____

_____

_____

_____

20 ___ ★ _____

_____

_____

_____

20 ___ ★ _____

_____

_____

_____

20 ___ ★ _____

_____

_____

_____

20 ___ ★ _____

_____

_____

_____

# 25

## MAY

If you could travel
anywhere tomorrow,
where would you go?

20 ___ ★ _____

_____

_____

_____

20 ___ ★ _____

_____

_____

_____

20 ___ ★ _____

_____

_____

_____

20 ___ ★ _____

_____

_____

_____

20 ___ ★ _____

_____

_____

_____

20 ___ ★ _____

_____

_____

_____

20 ___ ★ _____

_____

_____

_____

20 ___ ★ _____

_____

_____

_____

20 ___ ★ _____

_____

_____

_____

20 ___ ★ _____

_____

_____

_____

# 27

What gives you comfort
right now?

20 ___ ★ _____

_____

_____

_____

20 ___ ★ _____

_____

_____

_____

20 ___ ★ _____

_____

_____

_____

20 ___ ★ _____

_____

_____

_____

20 ___ ★ _____

_____

_____

_____

## MAY 28

East Coast or West
Coast? In between?

20 ___ ★ _____

_____

_____

_____

20 ___ ★ _____

_____

_____

_____

20 ___ ★ _____

_____

_____

_____

20 ___ ★ _____

_____

_____

_____

20 ___ ★ _____

_____

_____

_____

# 29

If you didn't have any
responsibilities for the day,
what would you do?

20 ___ ★ _____

_____

_____

_____

20 ___ ★ _____

_____

_____

_____

20 ___ ★ _____

_____

_____

_____

20 ___ ★ _____

_____

_____

_____

20 ___ ★ _____

_____

_____

_____

## MAY 30

What's the best thing
you read today?

20 _____ ★ _____

_____

_____

_____

20 _____ ★ _____

_____

_____

_____

20 _____ ★ _____

_____

_____

_____

20 _____ ★ _____

_____

_____

_____

20 _____ ★ _____

_____

_____

_____

# 31

**MAY**

How much cash do you have in your wallet? In your bank account?

20 ___ ★ _____

_____

_____

_____

20 ___ ★ _____

_____

_____

_____

20 ___ ★ _____

_____

_____

_____

20 ___ ★ _____

_____

_____

_____

20 ___ ★ _____

_____

_____

_____

On a scale of one to ten,
how healthy are you?

20 ___ ★ _____

_____

_____

_____

20 ___ ★ _____

_____

_____

_____

20 ___ ★ _____

_____

_____

_____

20 ___ ★ _____

_____

_____

_____

20 ___ ★ _____

_____

_____

_____

# 2

## JUNE
Should you trust your instincts?

20 ___ ★ _____

_____

_____

_____

20 ___ ★ _____

_____

_____

_____

20 ___ ★ _____

_____

_____

_____

20 ___ ★ _____

_____

_____

_____

20 ___ ★ _____

_____

_____

_____

Who do you miss the most right now?

20 _____ ★ _____

_____

_____

_____

20 _____ ★ _____

_____

_____

_____

20 _____ ★ _____

_____

_____

_____

20 _____ ★ _____

_____

_____

_____

20 _____ ★ _____

_____

_____

_____

# 4

## JUNE

Today you wore _____.

20 ___ ★ _____

_____

_____

_____

20 ___ ★ _____

_____

_____

_____

20 ___ ★ _____

_____

_____

_____

20 ___ ★ _____

_____

_____

_____

20 ___ ★ _____

_____

_____

_____

What was the last fruit you ate?

20 ___ ★ _____

_____

_____

_____

20 ___ ★ _____

_____

_____

_____

20 ___ ★ _____

_____

_____

_____

20 ___ ★ _____

_____

_____

_____

20 ___ ★ _____

_____

_____

_____

# 6

Which family member
are you closest to?

20 ___ ★ _____
_____
_____
_____

20 ___ ★ _____
_____
_____
_____

20 ___ ★ _____
_____
_____
_____

20 ___ ★ _____
_____
_____
_____

20 ___ ★ _____
_____
_____
_____

## JUNE

## 7

What do you feel
grateful for today?

20 ___ ★ _____

_____

_____

20 ___ ★ _____

_____

_____

20 ___ ★ _____

_____

_____

20 ___ ★ _____

_____

_____

20 ___ ★ _____

_____

_____

# 8

## JUNE
What makes you miserable?

20 ___ ★ _____

_____

_____

_____

20 ___ ★ _____

_____

_____

_____

20 ___ ★ _____

_____

_____

_____

20 ___ ★ _____

_____

_____

_____

20 ___ ★ _____

_____

_____

_____

20 ___ ★ _____

_____

_____

_____

20 ___ ★ _____

_____

_____

_____

20 ___ ★ _____

_____

_____

_____

20 ___ ★ _____

_____

_____

_____

20 ___ ★ _____

_____

_____

_____

# 10

## JUNE
How many cups of coffee
did you drink today?

20 ___ ★ _____

_____

_____

_____

20 ___ ★ _____

_____

_____

_____

20 ___ ★ _____

_____

_____

_____

20 ___ ★ _____

_____

_____

_____

20 ___ ★ _____

_____

_____

_____

20 ___ ★ _____

_____

_____

20 ___ ★ _____

_____

_____

20 ___ ★ _____

_____

_____

20 ___ ★ _____

_____

_____

20 ___ ★ _____

_____

_____

# 12

## JUNE

Is something in your way?
Can you move it?

20 —— ★ _____

_____

_____

_____

20 —— ★ _____

_____

_____

_____

20 —— ★ _____

_____

_____

_____

20 —— ★ _____

_____

_____

_____

20 —— ★ _____

_____

_____

_____

Something that made you
worry today _____.

20 ___ ★ _____

_____

_____

_____

20 ___ ★ _____

_____

_____

_____

20 ___ ★ _____

_____

_____

_____

20 ___ ★ _____

_____

_____

_____

20 ___ ★ _____

_____

_____

_____

# 14

## JUNE
Did you exercise today?

20 ___ ★ _____

_____

_____

_____

20 ___ ★ _____

_____

_____

_____

20 ___ ★ _____

_____

_____

_____

20 ___ ★ _____

_____

_____

_____

20 ___ ★ _____

_____

_____

_____

What's your favorite gadget?

20 _____ ★ _____

_____

_____

_____

20 _____ ★ _____

_____

_____

_____

20 _____ ★ _____

_____

_____

_____

20 _____ ★ _____

_____

_____

_____

20 _____ ★ _____

_____

_____

_____

# 16

What makes you cynical?

20 ___ ★ _____

20 ___ ★ _____

20 ___ ★ _____

20 ___ ★ _____

20 ___ ★ _____

20 ___ ★ _____

_____

_____

_____

20 ___ ★ _____

_____

_____

_____

20 ___ ★ _____

_____

_____

_____

20 ___ ★ _____

_____

_____

_____

20 ___ ★ _____

_____

_____

_____

# 18

## JUNE

What's the last meal someone cooked for you?

20 ___ ★ _____

_____

_____

_____

20 ___ ★ _____

_____

_____

_____

20 ___ ★ _____

_____

_____

_____

20 ___ ★ _____

_____

_____

_____

20 ___ ★ _____

_____

_____

_____

What was the last personal
letter you received?

20 ___ ★ _____

20 ___ ★ _____

20 ___ ★ _____

20 ___ ★ _____

20 ___ ★ _____

# 20

## JUNE

Write the first sentence
of your autobiography.

20 ___ ★ _____

_____

_____

_____

20 ___ ★ _____

_____

_____

_____

20 ___ ★ _____

_____

_____

_____

20 ___ ★ _____

_____

_____

_____

20 ___ ★ _____

_____

_____

_____

20 ___ ★ _____

_____

_____

_____

20 ___ ★ _____

_____

_____

_____

20 ___ ★ _____

_____

_____

_____

20 ___ ★ _____

_____

_____

_____

20 ___ ★ _____

_____

_____

_____

# 22

What's the last movie
you saw in a theater?

20 —— ★ _____

_____

_____

_____

20 —— ★ _____

_____

_____

_____

20 —— ★ _____

_____

_____

_____

20 —— ★ _____

_____

_____

_____

20 —— ★ _____

_____

_____

_____

## JUNE 23
When was the last
time you cried?

20 ___ ★ _____

_____

_____

_____

20 ___ ★ _____

_____

_____

_____

20 ___ ★ _____

_____

_____

_____

20 ___ ★ _____

_____

_____

_____

20 ___ ★ _____

_____

_____

_____

# 24

JUNE

What's your next social
engagement?

20 ___ ★ ___

20 ___ ★ ___

20 ___ ★ ___

20 ___ ★ ___

20 ___ ★ ___

20 ___ ★ _____

_____

_____

_____

20 ___ ★ _____

_____

_____

_____

20 ___ ★ _____

_____

_____

_____

20 ___ ★ _____

_____

_____

_____

20 ___ ★ _____

_____

_____

_____

# 26

## JUNE

What's your biggest
indulgence?

20 ___ ★ _____

_____

_____

_____

20 ___ ★ _____

_____

_____

_____

20 ___ ★ _____

_____

_____

_____

20 ___ ★ _____

_____

_____

_____

20 ___ ★ _____

_____

_____

_____

## JUNE

# 27

When was the last time you
ate pizza? What kind?

20 ___ ★ _____

_____

_____

20 ___ ★ _____

_____

_____

20 ___ ★ _____

_____

_____

20 ___ ★ _____

_____

_____

20 ___ ★ _____

_____

_____

# 28

## JUNE

If your mood were a weather forecast, you'd be _____.

20 ___ ★ _____

_____

_____

_____

20 ___ ★ _____

_____

_____

_____

20 ___ ★ _____

_____

_____

_____

20 ___ ★ _____

_____

_____

_____

20 ___ ★ _____

_____

_____

_____

# 29

What are the top songs on
your "recently played" list?

20 ___ ★ _____

_____

_____

_____

20 ___ ★ _____

_____

_____

_____

20 ___ ★ _____

_____

_____

_____

20 ___ ★ _____

_____

_____

_____

20 ___ ★ _____

_____

_____

_____

# 30

## JUNE

What can you live
without right now?

20 ___ ★ _____

_____

_____

_____

20 ___ ★ _____

_____

_____

_____

20 ___ ★ _____

_____

_____

_____

20 ___ ★ _____

_____

_____

_____

20 ___ ★ _____

_____

_____

_____

20 ___ ★ _____

_____

_____

_____

20 ___ ★ _____

_____

_____

_____

20 ___ ★ _____

_____

_____

_____

20 ___ ★ _____

_____

_____

_____

20 ___ ★ _____

_____

_____

_____

# 2

## JULY

Today you cancelled _____.

20 __ ★ _____

_____

_____

_____

20 __ ★ _____

_____

_____

_____

20 __ ★ _____

_____

_____

_____

20 __ ★ _____

_____

_____

_____

20 __ ★ _____

_____

_____

_____

What was the last beach you went to?

# 3

20 ___ ★ _____

_____

_____

_____

20 ___ ★ _____

_____

_____

_____

20 ___ ★ _____

_____

_____

_____

20 ___ ★ _____

_____

_____

_____

20 ___ ★ _____

_____

_____

_____

# 4

JULY

_____ is funny.

20 ___ ★ _____

_____

_____

_____

20 ___ ★ _____

_____

_____

_____

20 ___ ★ _____

_____

_____

_____

20 ___ ★ _____

_____

_____

_____

20 ___ ★ _____

_____

_____

_____

What is your motto?

20 ___ ★ _____

_____

_____

_____

20 ___ ★ _____

_____

_____

_____

20 ___ ★ _____

_____

_____

_____

20 ___ ★ _____

_____

_____

_____

20 ___ ★ _____

_____

_____

_____

# 6

JULY

Who is your best friend?

20 ___ ★ _____

_____

_____

_____

20 ___ ★ _____

_____

_____

_____

20 ___ ★ _____

_____

_____

_____

20 ___ ★ _____

_____

_____

_____

20 ___ ★ _____

_____

_____

_____

20 ___ ★ _____

_____

_____

_____

20 ___ ★ _____

_____

_____

_____

20 ___ ★ _____

_____

_____

_____

20 ___ ★ _____

_____

_____

_____

20 ___ ★ _____

_____

_____

_____

# 8

**JULY**

What do you have to lose?

20 ___ ★ _____

_____

_____

_____

20 ___ ★ _____

_____

_____

_____

20 ___ ★ _____

_____

_____

_____

20 ___ ★ _____

_____

_____

_____

20 ___ ★ _____

_____

_____

_____

## JULY

**9**

Today was delightful
because _____.

20 __ ★ _____

_____

_____

_____

20 __ ★ _____

_____

_____

_____

20 __ ★ _____

_____

_____

_____

20 __ ★ _____

_____

_____

_____

20 __ ★ _____

_____

_____

_____

# 10

When was the last time you
spoke to your parents?

20 __ ★ _____

_____

_____

_____

20 __ ★ _____

_____

_____

_____

20 __ ★ _____

_____

_____

_____

20 __ ★ _____

_____

_____

_____

20 __ ★ _____

_____

_____

_____

20 ____ ★ _____

_____

_____

_____

20 ____ ★ _____

_____

_____

_____

20 ____ ★ _____

_____

_____

_____

20 ____ ★ _____

_____

_____

_____

20 ____ ★ _____

_____

_____

_____

# 12

_____ is perfect.

20 ___ ★ _____

_____

_____

_____

20 ___ ★ _____

_____

_____

_____

20 ___ ★ _____

_____

_____

_____

20 ___ ★ _____

_____

_____

_____

20 ___ ★ _____

_____

_____

_____

20 ___ ★ _____

_____

_____

_____

20 ___ ★ _____

_____

_____

_____

20 ___ ★ _____

_____

_____

_____

20 ___ ★ _____

_____

_____

_____

20 ___ ★ _____

_____

_____

_____

# 14

## JULY

Do you have a secret?
More than one?

20 ___ ★ _____

_____

_____

_____

20 ___ ★ _____

_____

_____

_____

20 ___ ★ _____

_____

_____

_____

20 ___ ★ _____

_____

_____

_____

20 ___ ★ _____

_____

_____

_____

What is your heroic downfall?
Your Achilles' heel?

20 __ ★ _____

_____

_____

_____

20 __ ★ _____

_____

_____

_____

20 __ ★ _____

_____

_____

_____

20 __ ★ _____

_____

_____

_____

20 __ ★ _____

_____

_____

_____

# 16

JULY
Are you wearing socks?

20 __ ★ _____

_____

_____

_____

20 __ ★ _____

_____

_____

_____

20 __ ★ _____

_____

_____

_____

20 __ ★ _____

_____

_____

_____

20 __ ★ _____

_____

_____

_____

20 ___ ★ _____

_____

_____

_____

20 ___ ★ _____

_____

_____

_____

20 ___ ★ _____

_____

_____

_____

20 ___ ★ _____

_____

_____

_____

20 ___ ★ _____

_____

_____

_____

# 18

### JULY
What are the ingredients
for a perfect day?

20 ___ ★ _____

_____

_____

_____

20 ___ ★ _____

_____

_____

_____

20 ___ ★ _____

_____

_____

_____

20 ___ ★ _____

_____

_____

_____

20 ___ ★ _____

_____

_____

_____

# 19

What do you need to throw away?

20 _____ ★ _____

_____

_____

_____

20 _____ ★ _____

_____

_____

_____

20 _____ ★ _____

_____

_____

_____

20 _____ ★ _____

_____

_____

_____

20 _____ ★ _____

_____

_____

_____

# 20

**JULY**
Does anything hurt today?

20 ___ ★ _____

_____

_____

_____

20 ___ ★ _____

_____

_____

_____

20 ___ ★ _____

_____

_____

_____

20 ___ ★ _____

_____

_____

_____

20 ___ ★ _____

_____

_____

_____

Who was the last person
to make you angry?

20 ___ ★ _____

_____

_____

20 ___ ★ _____

_____

_____

20 ___ ★ _____

_____

_____

20 ___ ★ _____

_____

_____

20 ___ ★ _____

_____

_____

# 22

JULY

Where do you go
for good ideas?

20 ___ ★ _____

_____

_____

_____

20 ___ ★ _____

_____

_____

_____

20 ___ ★ _____

_____

_____

_____

20 ___ ★ _____

_____

_____

_____

20 ___ ★ _____

_____

_____

_____

## JULY

### 23

What was the last thing
you baked or cooked?

20 ___ ★ _____

_____

_____

_____

20 ___ ★ _____

_____

_____

_____

20 ___ ★ _____

_____

_____

_____

20 ___ ★ _____

_____

_____

_____

20 ___ ★ _____

_____

_____

_____

# 24

What's in your fridge?

20 ___ ★ _____
_____
_____
_____

20 ___ ★ _____
_____
_____
_____

20 ___ ★ _____
_____
_____
_____

20 ___ ★ _____
_____
_____
_____

20 ___ ★ _____
_____
_____
_____

## JULY

# 25

If you could hire any artist
(living or dead) to paint your
portrait, who would you pick?

20 ___ ★ _____

_____

_____

_____

20 ___ ★ _____

_____

_____

_____

20 ___ ★ _____

_____

_____

20 ___ ★ _____

_____

_____

_____

20 ___ ★ _____

_____

_____

_____

# 26

**JULY**

Are you working hard
or hardly working?

20 ___ ★ _____

_____

_____

_____

20 ___ ★ _____

_____

_____

_____

20 ___ ★ _____

_____

_____

_____

20 ___ ★ _____

_____

_____

_____

20 ___ ★ _____

_____

_____

_____

20 ___ ★ _____

_____

_____

_____

20 ___ ★ _____

_____

_____

_____

20 ___ ★ _____

_____

_____

_____

20 ___ ★ _____

_____

_____

_____

20 ___ ★ _____

_____

_____

_____

# 28

JULY

Write a phrase to describe
your year so far.

20 ___ ★ _____

_____

_____

_____

20 ___ ★ _____

_____

_____

_____

20 ___ ★ _____

_____

_____

_____

20 ___ ★ _____

_____

_____

_____

20 ___ ★ _____

_____

_____

_____

What was the last road
trip you took?

20 ___ ★ _____

_____

_____

20 ___ ★ _____

_____

_____

20 ___ ★ _____

_____

_____

20 ___ ★ _____

_____

_____

20 ___ ★ _____

_____

_____

# 30

## JULY
Today was unusual
because _____.

20 ___ ★ _____

_____

_____

_____

20 ___ ★ _____

_____

_____

_____

20 ___ ★ _____

_____

_____

_____

20 ___ ★ _____

_____

_____

_____

20 ___ ★ _____

_____

_____

_____

Today were you a wallflower
or a social butterfly?

20 ___ ★ _____

_____

_____

_____

20 ___ ★ _____

_____

_____

_____

20 ___ ★ _____

_____

_____

_____

20 ___ ★ _____

_____

_____

_____

20 ___ ★ _____

_____

_____

_____

# 1

## AUGUST
Do you need a cold shower?

20 ___ ★ _____

_____

_____

20 ___ ★ _____

_____

_____

20 ___ ★ _____

_____

_____

20 ___ ★ _____

_____

_____

20 ___ ★ _____

_____

_____

20 ___ ★ _____

_____

_____

_____

20 ___ ★ _____

_____

_____

_____

20 ___ ★ _____

_____

_____

_____

20 ___ ★ _____

_____

_____

_____

20 ___ ★ _____

_____

_____

_____

# 3

## AUGUST
What do you lie about?

20 \_\_\_ ★ _____

20 \_\_\_ ★ _____

20 \_\_\_ ★ _____

20 \_\_\_ ★ _____

20 \_\_\_ ★ _____

## AUGUST

When was the last time you
were on an airplane?

20 ___ ★ _____

_____

_____

_____

20 ___ ★ _____

_____

_____

_____

20 ___ ★ _____

_____

_____

_____

20 ___ ★ _____

_____

_____

_____

20 ___ ★ _____

_____

_____

_____

# 5

## AUGUST
Today you destroyed _____.

20 ___ ★ _____

_____

_____

_____

20 ___ ★ _____

_____

_____

_____

20 ___ ★ _____

_____

_____

_____

20 ___ ★ _____

_____

_____

_____

20 ___ ★ _____

_____

_____

_____

20 ___ ★ _____

_____

_____

_____

20 ___ ★ _____

_____

_____

_____

20 ___ ★ _____

_____

_____

_____

20 ___ ★ _____

_____

_____

_____

20 ___ ★ _____

_____

_____

_____

# 7

## AUGUST
What was your last great meal?

20 ___ ★ _____

_____

_____

_____

20 ___ ★ _____

_____

_____

_____

20 ___ ★ _____

_____

_____

_____

20 ___ ★ _____

_____

_____

_____

20 ___ ★ _____

_____

_____

_____

20 ___ ★ _____

_____

_____

_____

20 ___ ★ _____

_____

_____

_____

20 ___ ★ _____

_____

_____

_____

20 ___ ★ _____

_____

_____

_____

20 ___ ★ _____

_____

_____

_____

# 9

## AUGUST

Write down your last
sent text message.

20 _____ ★ _____

20 _____ ★ _____

20 _____ ★ _____

20 _____ ★ _____

20 _____ ★ _____

20 __ ★ _____

_____

_____

_____

20 __ ★ _____

_____

_____

_____

20 __ ★ _____

_____

_____

_____

20 __ ★ _____

_____

_____

_____

20 __ ★ _____

_____

_____

_____

# 11

## AUGUST
How many stamps are
in your passport?

20 ___ ★ _____

_____

_____

_____

20 ___ ★ _____

_____

_____

_____

20 ___ ★ _____

_____

_____

_____

20 ___ ★ _____

_____

_____

_____

20 ___ ★ _____

_____

_____

_____

20 ___ ★ _____

_____

_____

_____

20 ___ ★ _____

_____

_____

_____

20 ___ ★ _____

_____

_____

_____

20 ___ ★ _____

_____

_____

_____

20 ___ ★ _____

_____

_____

_____

# 13

## AUGUST

What is your favorite thing to do on a Saturday morning?

20 ___ ★ _____

_____

_____

_____

20 ___ ★ _____

_____

_____

_____

20 ___ ★ _____

_____

_____

_____

20 ___ ★ _____

_____

_____

_____

20 ___ ★ _____

_____

_____

_____

Did you complete your
to-do list for the day?

20 ___ ★ _____

_____

_____

_____

20 ___ ★ _____

_____

_____

_____

20 ___ ★ _____

_____

_____

_____

20 ___ ★ _____

_____

_____

_____

20 ___ ★ _____

_____

_____

_____

# 15

## AUGUST

What do you like best
about your body today?

20 ___ ★ _____

_____

_____

_____

20 ___ ★ _____

_____

_____

_____

20 ___ ★ _____

_____

_____

_____

20 ___ ★ _____

_____

_____

_____

20 ___ ★ _____

_____

_____

_____

What question (or questions)
do you love to answer?

20 ___ ★ _____

_____

_____

_____

20 ___ ★ _____

_____

_____

_____

20 ___ ★ _____

_____

_____

_____

20 ___ ★ _____

_____

_____

_____

20 ___ ★ _____

_____

_____

_____

# 17

## AUGUST

If you had to spend five years in prison, what would you finally have the chance to do?

20 ___ ★ _____

_____

_____

_____

20 ___ ★ _____

_____

_____

_____

20 ___ ★ _____

_____

_____

_____

20 ___ ★ _____

_____

_____

_____

20 ___ ★ _____

_____

_____

_____

What's your favorite
piece of clothing?

20 ___ ★ _____

_____

_____

_____

20 ___ ★ _____

_____

_____

_____

20 ___ ★ _____

_____

_____

_____

20 ___ ★ _____

_____

_____

_____

20 ___ ★ _____

_____

_____

_____

# 19

AUGUST

_____ really
bothered you today.

20 ___ ★ _____

20 ___ ★ _____

20 ___ ★ _____

20 ___ ★ _____

20 ___ ★ _____

AUGUST

Whose team are you on?

20 __ ★ _____

_____

_____

_____

20 __ ★ _____

_____

_____

_____

20 __ ★ _____

_____

_____

_____

20 __ ★ _____

_____

_____

_____

20 __ ★ _____

_____

_____

_____

# 21

## AUGUST

In 140 characters or fewer, summarize your day.

20 ___ ★ _____

20 ___ ★ _____

20 ___ ★ _____

20 ___ ★ _____

20 ___ ★ _____

20 ___ ★ _____

_____

_____

_____

20 ___ ★ _____

_____

_____

_____

20 ___ ★ _____

_____

_____

_____

20 ___ ★ _____

_____

_____

_____

20 ___ ★ _____

_____

_____

_____

# 23

## AUGUST

Yes or no: everyone should
have a backup plan.

20 __ ★ _____

_____

_____

_____

20 __ ★ _____

_____

_____

_____

20 __ ★ _____

_____

_____

_____

20 __ ★ _____

_____

_____

_____

20 __ ★ _____

_____

_____

_____

Write your recipe for creativity.

20 ___ ★ _____

_____

_____

_____

20 ___ ★ _____

_____

_____

_____

20 ___ ★ _____

_____

_____

_____

20 ___ ★ _____

_____

_____

_____

20 ___ ★ _____

_____

_____

_____

# 25

## AUGUST
What would you like
to tell your father?

20 ___ ★ _____

_____

_____

_____

20 ___ ★ _____

_____

_____

_____

20 ___ ★ _____

_____

_____

_____

20 ___ ★ _____

_____

_____

_____

20 ___ ★ _____

_____

_____

_____

20 ___ ★ _____

_____

_____

_____

20 ___ ★ _____

_____

_____

_____

20 ___ ★ _____

_____

_____

_____

20 ___ ★ _____

_____

_____

_____

20 ___ ★ _____

_____

_____

_____

# 27

## AUGUST

When was the last time
you worked out?

20 ___ ★ _____

_____

_____

_____

20 ___ ★ _____

_____

_____

_____

20 ___ ★ _____

_____

_____

_____

20 ___ ★ _____

_____

_____

_____

20 ___ ★ _____

_____

_____

_____

How would you describe
your victory dance?

20 ___ ★ _____

_____

_____

_____

20 ___ ★ _____

_____

_____

_____

20 ___ ★ _____

_____

_____

_____

20 ___ ★ _____

_____

_____

_____

20 ___ ★ _____

_____

_____

_____

# 29

## AUGUST

What did you have for dinner?

20 __ ★ _____

_____

_____

_____

20 __ ★ _____

_____

_____

_____

20 __ ★ _____

_____

_____

_____

20 __ ★ _____

_____

_____

_____

20 __ ★ _____

_____

_____

_____

## 30

What's your simplest pleasure?

20 ___ ★ _____

_____

_____

20 ___ ★ _____

_____

_____

20 ___ ★ _____

_____

_____

20 ___ ★ _____

_____

_____

20 ___ ★ _____

_____

_____

# 31

What was the last wedding
you attended?

20 \_\_\_ ★ _____

20 \_\_\_ ★ _____

20 \_\_\_ ★ _____

20 \_\_\_ ★ _____

20 \_\_\_ ★ _____

20 ___ ★ _____

_____

_____

_____

20 ___ ★ _____

_____

_____

_____

20 ___ ★ _____

_____

_____

_____

20 ___ ★ _____

_____

_____

_____

20 ___ ★ _____

_____

_____

_____

# 2

## SEPTEMBER
Is your home/apartment clean?

20 ___ ★ _____

20 ___ ★ _____

20 ___ ★ _____

20 ___ ★ _____

20 ___ ★ _____

20 ___ ★ _____

_____

_____

_____

20 ___ ★ _____

_____

_____

_____

20 ___ ★ _____

_____

_____

_____

20 ___ ★ _____

_____

_____

_____

20 ___ ★ _____

_____

_____

_____

# 4

## SEPTEMBER
Where do you see yourself
in five years?

20 __ ★ _____

_____

_____

_____

20 __ ★ _____

_____

_____

_____

20 __ ★ _____

_____

_____

_____

20 __ ★ _____

_____

_____

_____

20 __ ★ _____

_____

_____

_____

Today you learned _____.

20 ___ ★ _____

20 ___ ★ _____

20 ___ ★ _____

20 ___ ★ _____

20 ___ ★ _____

# 6

## SEPTEMBER
What was the last online
video clip you watched?

20 ___ ★ _____

_____

_____

_____

20 ___ ★ _____

_____

_____

_____

20 ___ ★ _____

_____

_____

_____

20 ___ ★ _____

_____

_____

_____

20 ___ ★ _____

_____

_____

_____

What's the newest thing
you're wearing today?

20 ___ ★ _____

_____

_____

_____

20 ___ ★ _____

_____

_____

_____

20 ___ ★ _____

_____

_____

_____

20 ___ ★ _____

_____

_____

_____

20 ___ ★ _____

_____

_____

_____

# 8

**SEPTEMBER**
Who are you jealous of?

20 __ ★ _____

_____

_____

_____

20 __ ★ _____

_____

_____

_____

20 __ ★ _____

_____

_____

_____

20 __ ★ _____

_____

_____

_____

20 __ ★ _____

_____

_____

_____

What comes to mind when
you think of fear?

20 ___ ★ _____

_____

_____

_____

20 ___ ★ _____

_____

_____

_____

20 ___ ★ _____

_____

_____

_____

20 ___ ★ _____

_____

_____

_____

20 ___ ★ _____

_____

_____

_____

# 10

### SEPTEMBER
This is utterly confounding:
_____.

20 ___ ★ _____

_____

_____

_____

20 ___ ★ _____

_____

_____

_____

20 ___ ★ _____

_____

_____

_____

20 ___ ★ _____

_____

_____

_____

20 ___ ★ _____

_____

_____

_____

20 ___ ★ _____

_____

_____

_____

20 ___ ★ _____

_____

_____

_____

20 ___ ★ _____

_____

_____

_____

20 ___ ★ _____

_____

_____

_____

20 ___ ★ _____

_____

_____

_____

# 12

## SEPTEMBER

What are you chasing
at this moment?

20 ___ ★ _____

_____

_____

_____

20 ___ ★ _____

_____

_____

_____

20 ___ ★ _____

_____

_____

_____

20 ___ ★ _____

_____

_____

_____

20 ___ ★ _____

_____

_____

_____

20 ___ ★ _____

_____

_____

_____

20 ___ ★ _____

_____

_____

_____

20 ___ ★ _____

_____

_____

_____

20 ___ ★ _____

_____

_____

_____

20 ___ ★ _____

_____

_____

_____

# 14

## SEPTEMBER
Who can help you?

20 ___ ★ _____

_____

_____

_____

20 ___ ★ _____

_____

_____

_____

20 ___ ★ _____

_____

_____

_____

20 ___ ★ _____

_____

_____

_____

20 ___ ★ _____

_____

_____

_____

Who are the most important
people in your life?

# 15

20 ___ ★ _____

_____

_____

_____

20 ___ ★ _____

_____

_____

_____

20 ___ ★ _____

_____

_____

_____

20 ___ ★ _____

_____

_____

_____

20 ___ ★ _____

_____

_____

_____

# 16

## SEPTEMBER

What would you want
to study at school?

20 ___ ★ _____

_____

_____

_____

20 ___ ★ _____

_____

_____

_____

20 ___ ★ _____

_____

_____

_____

20 ___ ★ _____

_____

_____

_____

20 ___ ★ _____

_____

_____

_____

20 ___ ★ _____

_____

_____

_____

20 ___ ★ _____

_____

_____

_____

20 ___ ★ _____

_____

_____

_____

20 ___ ★ _____

_____

_____

_____

20 ___ ★ _____

_____

_____

_____

# 18

## SEPTEMBER
A decision you made
today _____.

20 ___ ★ _____

_____

_____

_____

20 ___ ★ _____

_____

_____

_____

20 ___ ★ _____

_____

_____

_____

20 ___ ★ _____

_____

_____

_____

20 ___ ★ _____

_____

_____

_____

20 ___ ★ _____

_____

_____

_____

20 ___ ★ _____

_____

_____

_____

20 ___ ★ _____

_____

_____

_____

20 ___ ★ _____

_____

_____

_____

20 ___ ★ _____

_____

_____

_____

# 20

## SEPTEMBER

What's your favorite
television show?

20 ___ ★ _____

_____

_____

_____

20 ___ ★ _____

_____

_____

_____

20 ___ ★ _____

_____

_____

_____

20 ___ ★ _____

_____

_____

_____

20 ___ ★ _____

_____

_____

_____

20 \_\_\_ ★ _____

20 \_\_\_ ★ _____

20 \_\_\_ ★ _____

20 \_\_\_ ★ _____

20 \_\_\_ ★ _____

# 22

## SEPTEMBER

What shocking news have you recently learned?

20 __ ★ _____

_____

_____

_____

20 __ ★ _____

_____

_____

_____

20 __ ★ _____

_____

_____

_____

20 __ ★ _____

_____

_____

_____

20 __ ★ _____

_____

_____

_____

## SEPTEMBER

Write down a quote for today.

# 23

20 ___ ★ _____

_____

_____

20 ___ ★ _____

_____

_____

20 ___ ★ _____

_____

_____

20 ___ ★ _____

_____

_____

20 ___ ★ _____

_____

_____

# 24

## SEPTEMBER

When was the last time
you went dancing?

20 ___ ★ _____

_____

_____

_____

20 ___ ★ _____

_____

_____

_____

20 ___ ★ _____

_____

_____

_____

20 ___ ★ _____

_____

_____

_____

20 ___ ★ _____

_____

_____

_____

Do you plan, or are you flying
by the seat of your pants?

# 25

20 _____ ★ _____

_____

_____

20 _____ ★ _____

_____

_____

20 _____ ★ _____

_____

_____

20 _____ ★ _____

_____

_____

20 _____ ★ _____

_____

_____

# 26

**SEPTEMBER**

Today was amusing
because _____.

20 __ ★ _____

_____

_____

_____

20 __ ★ _____

_____

_____

_____

20 __ ★ _____

_____

_____

_____

20 __ ★ _____

_____

_____

_____

20 __ ★ _____

_____

_____

_____

Do you handle rejection well?

20 ___ ★ _____

_____

_____

_____

20 ___ ★ _____

_____

_____

_____

20 ___ ★ _____

_____

_____

_____

20 ___ ★ _____

_____

_____

_____

20 ___ ★ _____

_____

_____

_____

# 28

## SEPTEMBER

How hungry are
you right now?

20 ___ ★ _____

_____

_____

_____

20 ___ ★ _____

_____

_____

_____

20 ___ ★ _____

_____

_____

_____

20 ___ ★ _____

_____

_____

_____

20 ___ ★ _____

_____

_____

_____

Bad news: sugarcoated
or straight-up?

20 \_\_\_ ★ _____

20 \_\_\_ ★ _____

20 \_\_\_ ★ _____

20 \_\_\_ ★ _____

20 \_\_\_ ★ _____

# 30

## SEPTEMBER
How do you get out of a rut?

20 ___ ★ _____

_____

_____

_____

20 ___ ★ _____

_____

_____

_____

20 ___ ★ _____

_____

_____

_____

20 ___ ★ _____

_____

_____

_____

20 ___ ★ _____

_____

_____

_____

20 ___ ★ _____

_____

_____

_____

20 ___ ★ _____

_____

_____

_____

20 ___ ★ _____

_____

_____

_____

20 ___ ★ _____

_____

_____

_____

20 ___ ★ _____

_____

_____

_____

## 2

**OCTOBER**

What do you crave?

20 ___ ★ _____

_____

_____

_____

20 ___ ★ _____

_____

_____

_____

20 ___ ★ _____

_____

_____

_____

20 ___ ★ _____

_____

_____

_____

20 ___ ★ _____

_____

_____

_____

20 ___ ★ _____

_____

_____

_____

20 ___ ★ _____

_____

_____

_____

20 ___ ★ _____

_____

_____

_____

20 ___ ★ _____

_____

_____

_____

20 ___ ★ _____

_____

_____

_____

# 4

## OCTOBER

In three words, describe
your love life.

20 \_\_\_ ★ _____

_____

_____

_____

20 \_\_\_ ★ _____

_____

_____

_____

20 \_\_\_ ★ _____

_____

_____

_____

20 \_\_\_ ★ _____

_____

_____

_____

20 \_\_\_ ★ _____

_____

_____

_____

What question makes you anxious?

20 _____ ★ _____

_____

_____

_____

20 _____ ★ _____

_____

_____

_____

20 _____ ★ _____

_____

_____

_____

20 _____ ★ _____

_____

_____

_____

20 _____ ★ _____

_____

_____

_____

# 6

## OCTOBER
Do you have any new friends?

20 ___ ★ _____

20 ___ ★ _____

20 ___ ★ _____

20 ___ ★ _____

20 ___ ★ _____

Are you happy with your
choices today?

20 __ ★ _____

_____

_____

_____

20 __ ★ _____

_____

_____

_____

20 __ ★ _____

_____

_____

_____

20 __ ★ _____

_____

_____

_____

20 __ ★ _____

_____

_____

_____

# 8

**OCTOBER**
What is your biggest dream?

20 ___ ★ _____

_____

_____

_____

20 ___ ★ _____

_____

_____

_____

20 ___ ★ _____

_____

_____

_____

20 ___ ★ _____

_____

_____

_____

20 ___ ★ _____

_____

_____

_____

You want a new _____.

20 __ ★ _____

20 __ ★ _____

20 __ ★ _____

20 __ ★ _____

20 __ ★ _____

# 10

## OCTOBER

Write down the name of someone you had a good conversation with recently.

20 ___ ★ _____

_____

_____

_____

20 ___ ★ _____

_____

_____

_____

20 ___ ★ _____

_____

_____

_____

20 ___ ★ _____

_____

_____

_____

20 ___ ★ _____

_____

_____

_____

What makes you feel wonderful?

20 ___ ★ _____

20 ___ ★ _____

20 ___ ★ _____

20 ___ ★ _____

20 ___ ★ _____

# 12

One word for today.

20 ___ ★ _____

_____

_____

_____

20 ___ ★ _____

_____

_____

_____

20 ___ ★ _____

_____

_____

_____

20 ___ ★ _____

_____

_____

_____

20 ___ ★ _____

_____

_____

_____

## OCTOBER

You have no patience
for _____.

# 13

20 ___ ★ _____

_____

_____

_____

20 ___ ★ _____

_____

_____

_____

20 ___ ★ _____

_____

_____

_____

20 ___ ★ _____

_____

_____

_____

20 ___ ★ _____

_____

_____

_____

# 14

## OCTOBER
What expression do you overuse?

20 ___ ★ _____

20 ___ ★ _____

20 ___ ★ _____

20 ___ ★ _____

20 ___ ★ _____

20 ___ ★ _____

_____

_____

_____

20 ___ ★ _____

_____

_____

_____

20 ___ ★ _____

_____

_____

_____

20 ___ ★ _____

_____

_____

_____

20 ___ ★ _____

_____

_____

_____

# 16

OCTOBER

You woke up at _____.

20 ___ ★ _____

20 ___ ★ _____

20 ___ ★ _____

20 ___ ★ _____

20 ___ ★ _____

20 ___ ★ _____

_____

_____

_____

20 ___ ★ _____

_____

_____

_____

20 ___ ★ _____

_____

_____

_____

20 ___ ★ _____

_____

_____

_____

20 ___ ★ _____

_____

_____

_____

# 18

## OCTOBER
What famous living person would
you want to meet for drinks?

20 ___ ★ _____

_____

_____

_____

20 ___ ★ _____

_____

_____

_____

20 ___ ★ _____

_____

_____

_____

20 ___ ★ _____

_____

_____

_____

20 ___ ★ _____

_____

_____

_____

20 ___ ★ _____

_____

_____

_____

20 ___ ★ _____

_____

_____

_____

20 ___ ★ _____

_____

_____

_____

20 ___ ★ _____

_____

_____

_____

20 ___ ★ _____

_____

_____

_____

# 20

## OCTOBER
Who do you count on?

20 ___ ★ _____

_____

_____

_____

20 ___ ★ _____

_____

_____

_____

20 ___ ★ _____

_____

_____

_____

20 ___ ★ _____

_____

_____

_____

20 ___ ★ _____

_____

_____

_____

What new word have you learned?

20 ___ ★ _____

_____

_____

_____

20 ___ ★ _____

_____

_____

_____

20 ___ ★ _____

_____

_____

_____

20 ___ ★ _____

_____

_____

_____

20 ___ ★ _____

_____

_____

_____

# 22

## OCTOBER

Write a haiku about your day (5 syllables/7 syllables/ 5 syllables).

20 ___ ★ _____

20 ___ ★ _____

20 ___ ★ _____

20 ___ ★ _____

20 ___ ★ _____

20 ___ ★ _____

_____

_____

_____

20 ___ ★ _____

_____

_____

_____

20 ___ ★ _____

_____

_____

_____

20 ___ ★ _____

_____

_____

_____

20 ___ ★ _____

_____

_____

_____

# 24

## OCTOBER

How are you? Write it in a rhyming couplet (two lines of verse that rhyme and have the same rhythm).

20 ___ ★ _____

_____

_____

_____

20 ___ ★ _____

_____

_____

_____

20 ___ ★ _____

_____

_____

_____

20 ___ ★ _____

_____

_____

_____

20 ___ ★ _____

_____

_____

_____

# 25

What is the most honest
thing you've said today?

20 _____ ★ _____

_____

_____

_____

20 _____ ★ _____

_____

_____

_____

20 _____ ★ _____

_____

_____

_____

20 _____ ★ _____

_____

_____

_____

20 _____ ★ _____

_____

_____

_____

# 26

## OCTOBER

How do you feel about your body?

20 _____ ★ _____

20 _____ ★ _____

20 _____ ★ _____

20 _____ ★ _____

20 _____ ★ _____

20 ___ ★ _____

_____

_____

_____

20 ___ ★ _____

_____

_____

_____

20 ___ ★ _____

_____

_____

_____

20 ___ ★ _____

_____

_____

_____

20 ___ ★ _____

_____

_____

_____

# 28

## OCTOBER

_____ is completely
ridiculous.

20 ___ ★ _____
_____
_____
_____

20 ___ ★ _____
_____
_____
_____

20 ___ ★ _____
_____
_____
_____

20 ___ ★ _____
_____
_____
_____

20 ___ ★ _____
_____
_____
_____

## OCTOBER
Camping or hotel?

# 29

20 ___ ★ _____

_____

_____

_____

20 ___ ★ _____

_____

_____

_____

20 ___ ★ _____

_____

_____

_____

20 ___ ★ _____

_____

_____

_____

20 ___ ★ _____

_____

_____

_____

# 30

Are you able to tell when
you have enough?

20 ___ ★ _____

_____

_____

_____

20 ___ ★ _____

_____

_____

_____

20 ___ ★ _____

_____

_____

_____

20 ___ ★ _____

_____

_____

_____

20 ___ ★ _____

_____

_____

_____

20 ___ ★ _____

_____

_____

_____

20 ___ ★ _____

_____

_____

_____

20 ___ ★ _____

_____

_____

_____

20 ___ ★ _____

_____

_____

_____

20 ___ ★ _____

_____

_____

# 1

## NOVEMBER

What was something you couldn't do today?

20 ___ ★ _____

_____

_____

_____

20 ___ ★ _____

_____

_____

_____

20 ___ ★ _____

_____

_____

_____

20 ___ ★ _____

_____

_____

_____

20 ___ ★ _____

_____

_____

_____

20 ___ ★ _____

_____

_____

_____

20 ___ ★ _____

_____

_____

_____

20 ___ ★ _____

_____

_____

_____

20 ___ ★ _____

_____

_____

_____

20 ___ ★ _____

_____

_____

_____

# 3

## NOVEMBER
When did you last hold a baby?

20 ___ ★ _____

20 ___ ★ _____

20 ___ ★ _____

20 ___ ★ _____

20 ___ ★ _____

Today you made _____.

20 ___ ★ _____
_____
_____
_____

20 ___ ★ _____
_____
_____
_____

20 ___ ★ _____
_____
_____
_____

20 ___ ★ _____
_____
_____
_____

20 ___ ★ _____
_____
_____
_____

# 5

## NOVEMBER
What should remain as-is?

20 ___ ★ _____

_____

_____

_____

20 ___ ★ _____

_____

_____

_____

20 ___ ★ _____

_____

_____

_____

20 ___ ★ _____

_____

_____

_____

20 ___ ★ _____

_____

_____

_____

20 ___ ★ _____

_____

_____

_____


20 ___ ★ _____

_____

_____

_____


20 ___ ★ _____

_____

_____

_____


20 ___ ★ _____

_____

_____

_____


20 ___ ★ _____

_____

_____

_____

# 7

## NOVEMBER
Who is your hero?

20 __ ★ _____

_____

_____

_____

20 __ ★ _____

_____

_____

_____

20 __ ★ _____

_____

_____

_____

20 __ ★ _____

_____

_____

_____

20 __ ★ _____

_____

_____

_____

20 ___ ★ _____

_____

_____

_____

20 ___ ★ _____

_____

_____

_____

20 ___ ★ _____

_____

_____

_____

20 ___ ★ _____

_____

_____

_____

20 ___ ★ _____

_____

_____

_____

# 9

## NOVEMBER

Did you leave work on time?

20 ___ ★ _____
_____
_____
_____

20 ___ ★ _____
_____
_____
_____

20 ___ ★ _____
_____
_____
_____

20 ___ ★ _____
_____
_____
_____

20 ___ ★ _____
_____
_____
_____

Where do you find pleasure?

20 ___ ★ _____

_____

_____

_____

20 ___ ★ _____

_____

_____

_____

20 ___ ★ _____

_____

_____

_____

20 ___ ★ _____

_____

_____

_____

20 ___ ★ _____

_____

_____

_____

# 11

**NOVEMBER**
What do you always avoid?

20 __ ★ _____
_____
_____
_____

20 __ ★ _____
_____
_____
_____

20 __ ★ _____
_____
_____
_____

20 __ ★ _____
_____
_____
_____

20 __ ★ _____
_____
_____
_____

20 ___ ★ _____

_____

_____

_____

20 ___ ★ _____

_____

_____

_____

20 ___ ★ _____

_____

_____

_____

20 ___ ★ _____

_____

_____

_____

20 ___ ★ _____

_____

_____

_____

# 13

## NOVEMBER

What song could be
your self-portrait?

20 \_\_\_ ★ _____

20 \_\_\_ ★ _____

20 \_\_\_ ★ _____

20 \_\_\_ ★ _____

20 \_\_\_ ★ _____

20 \_\_\_ ★ _____

20 \_\_\_ ★ _____

20 \_\_\_ ★ _____

20 \_\_\_ ★ _____

20 \_\_\_ ★ _____

# 15

**NOVEMBER**

Waking up was _____.

20 ___ ★ _____
_____
_____
_____

20 ___ ★ _____
_____
_____
_____

20 ___ ★ _____
_____
_____
_____

20 ___ ★ _____
_____
_____
_____

20 ___ ★ _____
_____
_____
_____

What are you obsessed
with right now?

20 _____ ★ _____

_____

_____

_____

20 _____ ★ _____

_____

_____

_____

20 _____ ★ _____

_____

_____

_____

20 _____ ★ _____

_____

_____

_____

20 _____ ★ _____

_____

_____

_____

# 17

## NOVEMBER

Which friend(s) did
you last speak to?

20 ___ ★ _____

20 ___ ★ _____

20 ___ ★ _____

20 ___ ★ _____

20 ___ ★ _____

20 \_\_\_ ★ _____

20 \_\_\_ ★ _____

20 \_\_\_ ★ _____

20 \_\_\_ ★ _____

20 \_\_\_ ★ _____

# 19

When was the last time you
checked an online social network?

20 ___ ★ _____

_____

_____

_____

20 ___ ★ _____

_____

_____

_____

20 ___ ★ _____

_____

_____

_____

20 ___ ★ _____

_____

_____

_____

20 ___ ★ _____

_____

_____

_____

20 \_\_\_ ★ _____

20 \_\_\_ ★ _____

20 \_\_\_ ★ _____

20 \_\_\_ ★ _____

20 \_\_\_ ★ _____

# 21

## NOVEMBER

What are your favorite shoes?

20 ___ ★ _____

_____

_____

_____

20 ___ ★ _____

_____

_____

_____

20 ___ ★ _____

_____

_____

_____

20 ___ ★ _____

_____

_____

_____

20 ___ ★ _____

_____

_____

_____

20 ___ ★ _____

_____

_____

_____

20 ___ ★ _____

_____

_____

_____

20 ___ ★ _____

_____

_____

_____

20 ___ ★ _____

_____

_____

_____

20 ___ ★ _____

_____

_____

_____

# 23

## NOVEMBER

What is your favorite brunch food?

20 ___ ★ _____

_____

_____

_____

20 ___ ★ _____

_____

_____

_____

20 ___ ★ _____

_____

_____

_____

20 ___ ★ _____

_____

_____

_____

20 ___ ★ _____

_____

_____

_____

# 24

Who have you recently
deleted from your
contacts/address book?

20 ___ ★ _____

_____

_____

20 ___ ★ _____

_____

_____

20 ___ ★ _____

_____

_____

20 ___ ★ _____

_____

_____

20 ___ ★ _____

_____

_____

# 25

## NOVEMBER

How much water did
you drink today?

20 ___ ★ _____

_____

_____

_____

20 ___ ★ _____

_____

_____

_____

20 ___ ★ _____

_____

_____

_____

20 ___ ★ _____

_____

_____

_____

20 ___ ★ _____

_____

_____

_____

20 ___ ★ _____

_____

_____

20 ___ ★ _____

_____

_____

20 ___ ★ _____

_____

_____

20 ___ ★ _____

_____

_____

_____

20 ___ ★ _____

_____

_____

# 27

## NOVEMBER
Who inspires you?

20 ___ ★ _____

20 ___ ★ _____

20 ___ ★ _____

20 ___ ★ _____

20 ___ ★ _____

20 ___ ★ _____

_____

_____

_____

20 ___ ★ _____

_____

_____

_____

20 ___ ★ _____

_____

_____

_____

20 ___ ★ _____

_____

_____

_____

20 ___ ★ _____

_____

_____

_____

# 29

## NOVEMBER

What five words
describe your mood?

20 ___ ★ _____

20 ___ ★ _____

20 ___ ★ _____

20 ___ ★ _____

20 ___ ★ _____

## NOVEMBER

# 30

Today you almost _____.

20 ___ ★ _____

_____

_____

_____

20 ___ ★ _____

_____

_____

_____

20 ___ ★ _____

_____

_____

_____

20 ___ ★ _____

_____

_____

_____

20 ___ ★ _____

_____

_____

_____

# 1

## DECEMBER

What would you like your
epitaph to read?

20 ___ ★ _____

_____

_____

_____

20 ___ ★ _____

_____

_____

_____

20 ___ ★ _____

_____

_____

_____

20 ___ ★ _____

_____

_____

_____

20 ___ ★ _____

_____

_____

_____

20 ___ ★ _____

_____

_____

_____

20 ___ ★ _____

_____

_____

_____

20 ___ ★ _____

_____

_____

_____

20 ___ ★ _____

_____

_____

_____

20 ___ ★ _____

_____

_____

_____

# 3

## DECEMBER

On a scale of one to ten,
how happy are you?

20 ___ ★ _____

_____

_____

_____

20 ___ ★ _____

_____

_____

_____

20 ___ ★ _____

_____

_____

_____

20 ___ ★ _____

_____

_____

_____

20 ___ ★ _____

_____

_____

_____

Do you want to know how it ends?

20 ___ ★ _____

_____

_____

_____

20 ___ ★ _____

_____

_____

_____

20 ___ ★ _____

_____

_____

_____

20 ___ ★ _____

_____

_____

_____

20 ___ ★ _____

_____

_____

_____

# 5

## DECEMBER

Who do you miss?

20 ___ ★ _____

_____

_____

_____

20 ___ ★ _____

_____

_____

_____

20 ___ ★ _____

_____

_____

_____

20 ___ ★ _____

_____

_____

_____

20 ___ ★ _____

_____

_____

_____

## 6

Today you gained _____.

20 ___ ★ _____

_____

_____

_____

20 ___ ★ _____

_____

_____

_____

20 ___ ★ _____

_____

_____

_____

20 ___ ★ _____

_____

_____

_____

20 ___ ★ _____

_____

_____

_____

# 7

## DECEMBER
Where do you see yourself next year?

20 ___ ★ _____

_____

_____

_____

20 ___ ★ _____

_____

_____

_____

20 ___ ★ _____

_____

_____

_____

20 ___ ★ _____

_____

_____

_____

20 ___ ★ _____

_____

_____

_____

20 ___ ★ _____

_____

_____

_____

20 ___ ★ _____

_____

_____

_____

20 ___ ★ _____

_____

_____

_____

20 ___ ★ _____

_____

_____

_____

20 ___ ★ _____

_____

_____

_____

# 9

## DECEMBER

What is your most recent
act of generosity?

20 __ ★ _____

_____

_____

_____

20 __ ★ _____

_____

_____

_____

20 __ ★ _____

_____

_____

_____

20 __ ★ _____

_____

_____

_____

20 __ ★ _____

_____

_____

_____

DECEMBER

What surprised you today?

20 ___ ⋆ _____

_____

_____

_____

20 ___ ⋆ _____

_____

_____

_____

20 ___ ⋆ _____

_____

_____

_____

20 ___ ⋆ _____

_____

_____

_____

20 ___ ⋆ _____

_____

_____

_____

# 11

## DECEMBER

Where do you find joy?

20 —— ★ _____

_____

_____

_____

20 —— ★ _____

_____

_____

_____

20 —— ★ _____

_____

_____

_____

20 —— ★ _____

_____

_____

_____

20 —— ★ _____

_____

_____

_____

## DECEMBER

### 12

What's on your wish list?

20 ___ ★ _____

_____

_____

_____

20 ___ ★ _____

_____

_____

_____

20 ___ ★ _____

_____

_____

_____

20 ___ ★ _____

_____

_____

_____

20 ___ ★ _____

_____

_____

_____

# 13

## DECEMBER
What is your biggest regret?

20 ___ ★ _____

_____

_____

_____

20 ___ ★ _____

_____

_____

_____

20 ___ ★ _____

_____

_____

_____

20 ___ ★ _____

_____

_____

_____

20 ___ ★ _____

_____

_____

_____

## DECEMBER

### Why are you impressive?

# 14

20 ___ ★ _____

_____

_____

_____

20 ___ ★ _____

_____

_____

_____

20 ___ ★ _____

_____

_____

_____

20 ___ ★ _____

_____

_____

_____

20 ___ ★ _____

_____

_____

_____

# 15

## DECEMBER
Moderation or excess?

20 ___ ★ _____

_____

_____

_____

20 ___ ★ _____

_____

_____

_____

20 ___ ★ _____

_____

_____

_____

20 ___ ★ _____

_____

_____

_____

20 ___ ★ _____

_____

_____

_____

20 \_\_\_ ★ _____

20 \_\_\_ ★ _____

20 \_\_\_ ★ _____

20 \_\_\_ ★ _____

20 \_\_\_ ★ _____

# 17

## DECEMBER

If you had to move to a new city, where would you move?

20 ___ ★ _____

_____

_____

_____

20 ___ ★ _____

_____

_____

_____

20 ___ ★ _____

_____

_____

_____

20 ___ ★ _____

_____

_____

_____

20 ___ ★ _____

_____

_____

_____

20 ___ ★ _____

_____

_____

_____

20 ___ ★ _____

_____

_____

_____

20 ___ ★ _____

_____

_____

_____

20 ___ ★ _____

_____

_____

_____

20 ___ ★ _____

_____

_____

_____

# 19

## DECEMBER

If you could change one thing about today, what would it be?

20 ___ ★ _____

_____

_____

_____

20 ___ ★ _____

_____

_____

_____

20 ___ ★ _____

_____

_____

_____

20 ___ ★ _____

_____

_____

_____

20 ___ ★ _____

_____

_____

_____

What is your dream vacation?

# 20

20 ___ ★ _____

_____

_____

_____

20 ___ ★ _____

_____

_____

_____

20 ___ ★ _____

_____

_____

_____

20 ___ ★ _____

_____

_____

_____

20 ___ ★ _____

_____

_____

_____

# 21

## DECEMBER

If you could be the best at
anything, what would it be?

20 ___ ★ _____

_____

_____

20 ___ ★ _____

_____

_____

20 ___ ★ _____

_____

_____

20 ___ ★ _____

_____

_____

20 ___ ★ _____

_____

_____

Did you meet someone new
recently? If so, who was it?

20 ___ ★ _____

_____

_____

_____

20 ___ ★ _____

_____

_____

_____

20 ___ ★ _____

_____

_____

_____

20 ___ ★ _____

_____

_____

_____

20 ___ ★ _____

_____

_____

_____

# 23

## DECEMBER

What's your favorite cereal?

20 ___ ★ _____
_____
_____
_____

20 ___ ★ _____
_____
_____
_____

20 ___ ★ _____
_____
_____
_____

20 ___ ★ _____
_____
_____
_____

20 ___ ★ _____
_____
_____
_____

# 24

Write down a recent transition.

20 ___ ★ _____

_____

_____

_____

20 ___ ★ _____

_____

_____

_____

20 ___ ★ _____

_____

_____

_____

20 ___ ★ _____

_____

_____

_____

20 ___ ★ _____

_____

_____

_____

# 25

## DECEMBER

Write down five words
that describe today.

20 _____ ★ _____

_____

_____

_____

20 _____ ★ _____

_____

_____

_____

20 _____ ★ _____

_____

_____

_____

20 _____ ★ _____

_____

_____

_____

20 _____ ★ _____

_____

_____

_____

# 26

On a scale of one to ten, how
spontaneous were you today?

20 ___ ★ _____

_____

_____

20 ___ ★ _____

_____

_____

20 ___ ★ _____

_____

_____

20 ___ ★ _____

_____

_____

20 ___ ★ _____

_____

_____

# 27

### DECEMBER

When was the last time
you felt at peace?

20 —— ★ _____

_____

_____

_____

20 —— ★ _____

_____

_____

_____

20 —— ★ _____

_____

_____

_____

20 —— ★ _____

_____

_____

_____

20 —— ★ _____

_____

_____

_____

## DECEMBER 28

Snuggle down or go
out and play?

20 ___ ★ _____

_____

_____

_____

20 ___ ★ _____

_____

_____

_____

20 ___ ★ _____

_____

_____

_____

20 ___ ★ _____

_____

_____

_____

20 ___ ★ _____

_____

_____

_____

# 29

**DECEMBER**

What are your top
three wishes?

20 ___ ⋆ _____

_____

_____

_____

20 ___ ⋆ _____

_____

_____

_____

20 ___ ⋆ _____

_____

_____

_____

20 ___ ⋆ _____

_____

_____

_____

20 ___ ⋆ _____

_____

_____

_____

20 ___ ★ _____

_____

_____

20 ___ ★ _____

_____

_____

20 ___ ★ _____

_____

_____

20 ___ ★ _____

_____

_____

20 ___ ★ _____

_____

_____

# 31

## DECEMBER

What is your most cherished
memory of this year?

20 ___ ★ _____

_____

_____

_____

20 ___ ★ _____

_____

_____

_____

20 ___ ★ _____

_____

_____

_____

20 ___ ★ _____

_____

_____

_____

20 ___ ★ _____

_____

_____

_____

Published in the United States by Clarkson Potter/
Publishers, an imprint of Random House, a
division of Penguin Random House LLC, New York.
ClarksonPotter.com | RandomHouseBooks.com

CLARKSON POTTER is a trademark and POTTER
with colophon is a registered trademark of
Penguin Random House LLC.

ISBN 978-0-593-58021-9

Printed in China

Editor: Deanne Katz
Designer: Danielle Deschenes
Production editor: Joyce Wong
Production manager: Luisa Francavilla
Marketer: Chloe Aryeh

10 9 8 7 6 5 4 3 2 1

First Edition